ATLAS

POUR L'HISTOIRE GÉNÉRALE

DES VOYAGES,

DE LAHARPE.

DE L'IMPRIMERIE DE CRAPELET.

ATLAS

POUR SERVIR A L'INTELLIGENCE

DE L'HISTOIRE GÉNÉRALE DES VOYAGES,

DE LAHARPE,

DRESSÉ

PAR AMBROISE TARDIEU.

A PARIS,

CHEZ ÉTIENNE LEDOUX, LIBRAIRE,

RUE GUÉNÉGAUD, N° 9.

M DCCC XXI.

NOMENCLATURE DES CARTES.

MAPPE MO
EN DEUX HÉMISP
PAR AMBROI TARDIEU
PÔLE ARCTIQUE
OCÉAN GLACIAL ARCTIQUE
OCÉAN BORÉAL
EMPIRE CHINOIS
GRAND OCÉAN AUSTRAL
OCÉAN ATLANTIQUE MÉRIDIONAL
NOUVELLE HOLLANDE
Tropique du Capricorne
Cercle Polaire Antarctique
OCÉAN GLACIAL ANTARCTIQUE
PÔLE ANTARCTIQUE
Equateur ou Ligne Equinoxiale
Terre de la Désolation ou de Kerguelen

Pl. 1ère

MAPPE-MONDE
EN DEUX HÉMISPHÈRES

Dressé pour l'intelligence de l'Histoire générale des Voyages de Labarpe.

PAR AMBROISE TARDIEU

1821

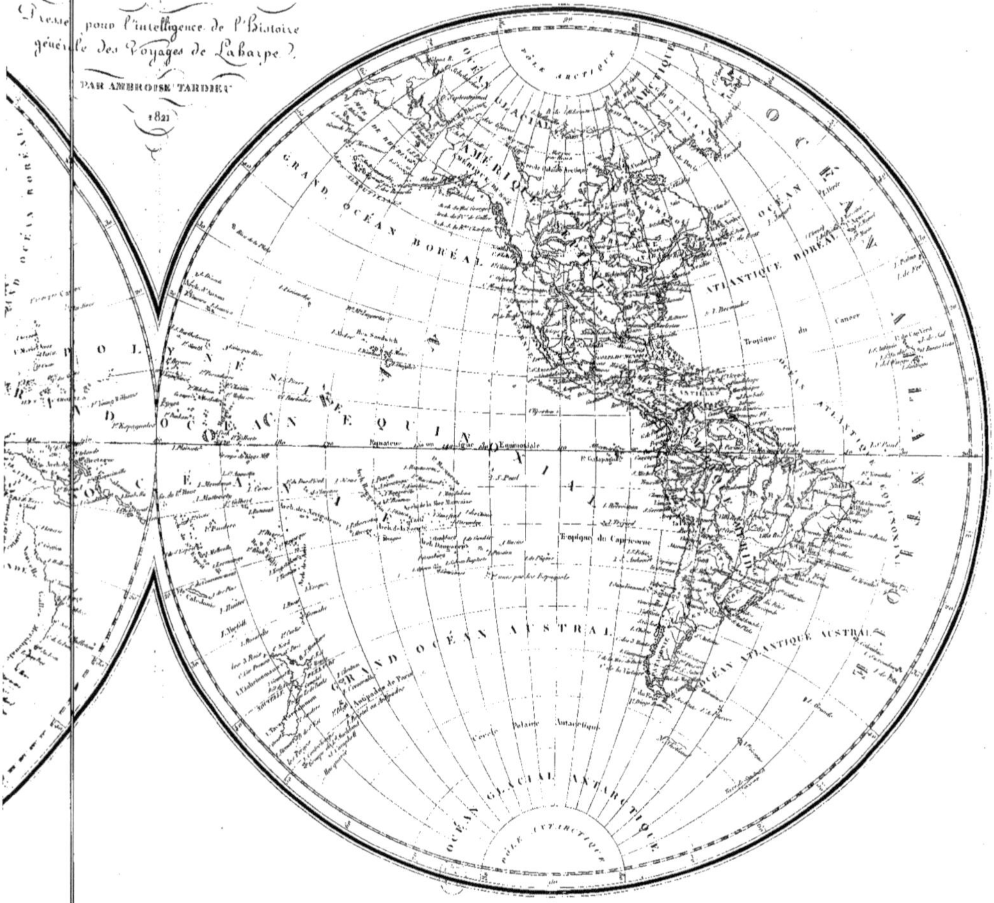

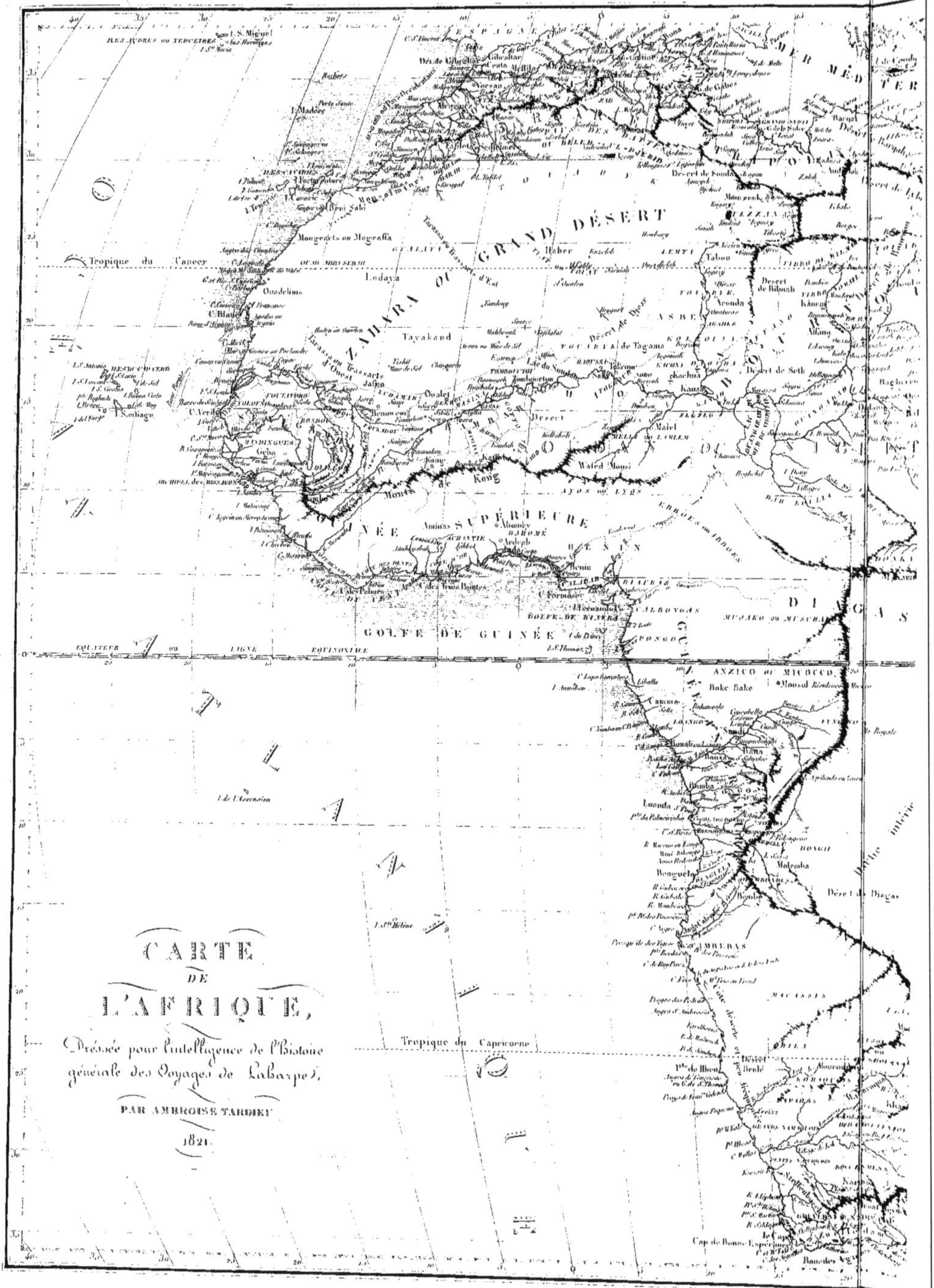
CARTE
DE
L'AFRIQUE,
Dressée pour l'intelligence de l'Histoire
générale des Voyages de Laharpe,
PAR AMBROISE TARDIEU
1821.
ZAHARA OU GRAND DÉSERT
Tropique du Cancer
Tropique du Capricorne
EQUATEUR ou LIGNE EQUINOXIALE
GOLFE DE GUINÉE
GUINÉE SUPÉRIEURE
I.S. Miguel
I. Madère
Mougearts ou Mougraffa
Lodaya
Tayakand
Ouadelims
C. Blanc
C. Verd
Gibraltar
Tombouctou
Désert de Sonda
Désert de Bilmah
Désert de Seth
Bake Bake
Loanda
Benguela
I. de l'Ascension
I. S.te Hélène
Cap de Bonne Espérance
Le Cap
MER MÉDITER

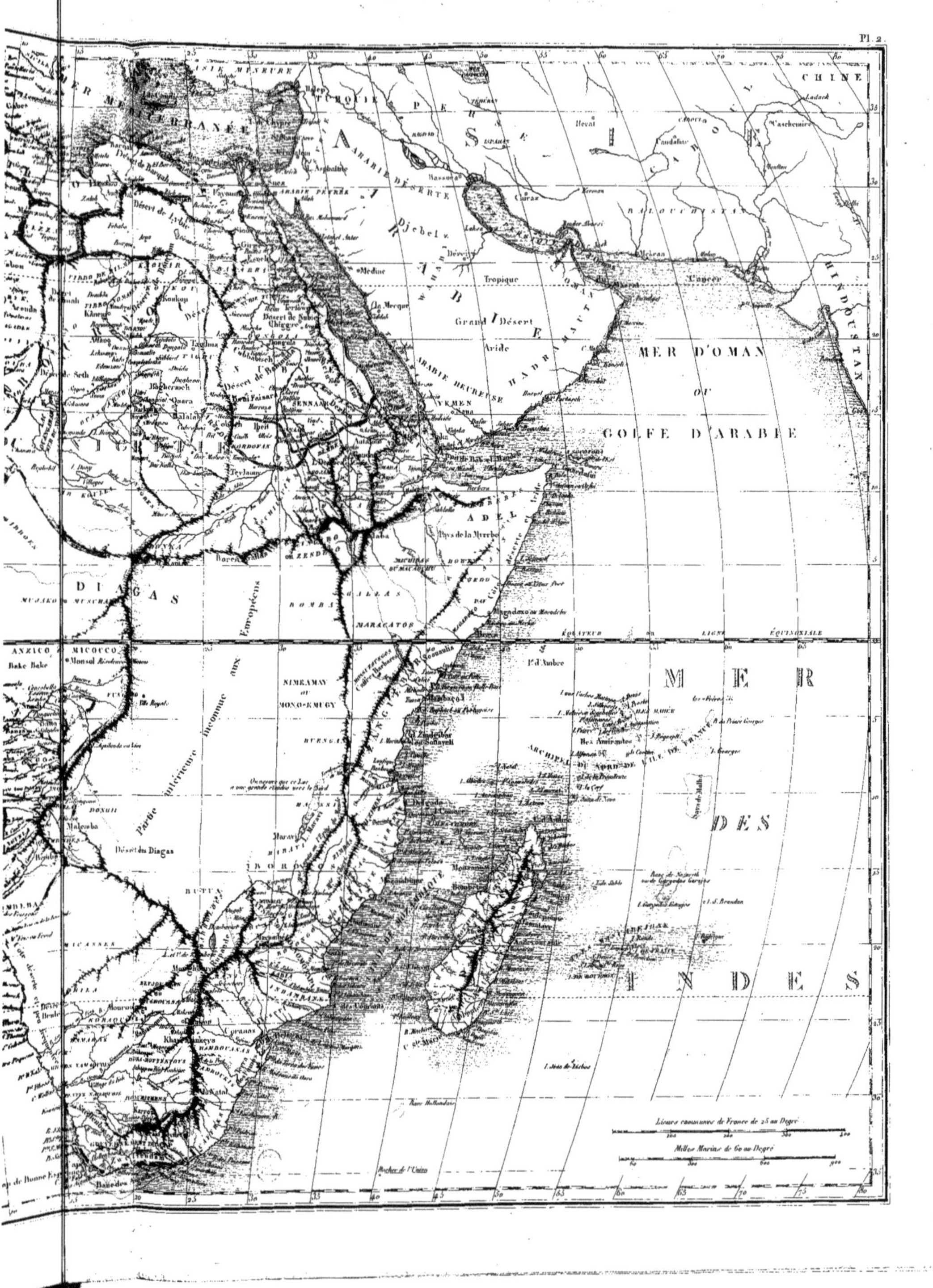
ASIE MINEURE
MER MÉDITERRANÉE
TURQUIE
PERSE
ASIE
ARABIE
ARABIE DÉSERTE
ARABIE PÉTRÉE
ARABIE HEUREUSE
Djebel
Tropique
Grand Désert
Aride
HADRAMAUT
OMAN
YEMEN
Herat
Candahar
Cachemire
Ladack
CHINE
CABOUL
BALOUCHISTAN
HINDOUSTAN
MER D'OMAN
OU
GOLFE D'ARABIE
Désert de Lybie
Désert de Nubie
Dongola
NUBIE
Sennaar
ADEL
Pays de la Myrrhe
Magadoxo
DIAGAS
Européens
aux
inconnue
intérieure
Partie
Désert des Diagas
NIMEAMAY
ou
MONO-EMUGY
BOMBA
GALLAS
MARACATOS
ÉQUATEUR
LIGNE
ÉQUINOXIALE
ANZICO
MICOCCO
Monsol
Bake Bake
Ville Royale
Malemba
Maravi
MONOMOTAPA
Mozambique
Cafrerie
Natal
Sofala
Inhambane
Hottentots
MER
DES
INDES
Iles Amirantes
ARCHIPEL DU NORD DE L'ILE DE FRANCE
Nazareth
Madagascar
Rocher de l'Union
Banc Hollandaise
I. d'Ambre
Lieues communes de France de 25 au Degré
Milles Marins de 60 au Degré

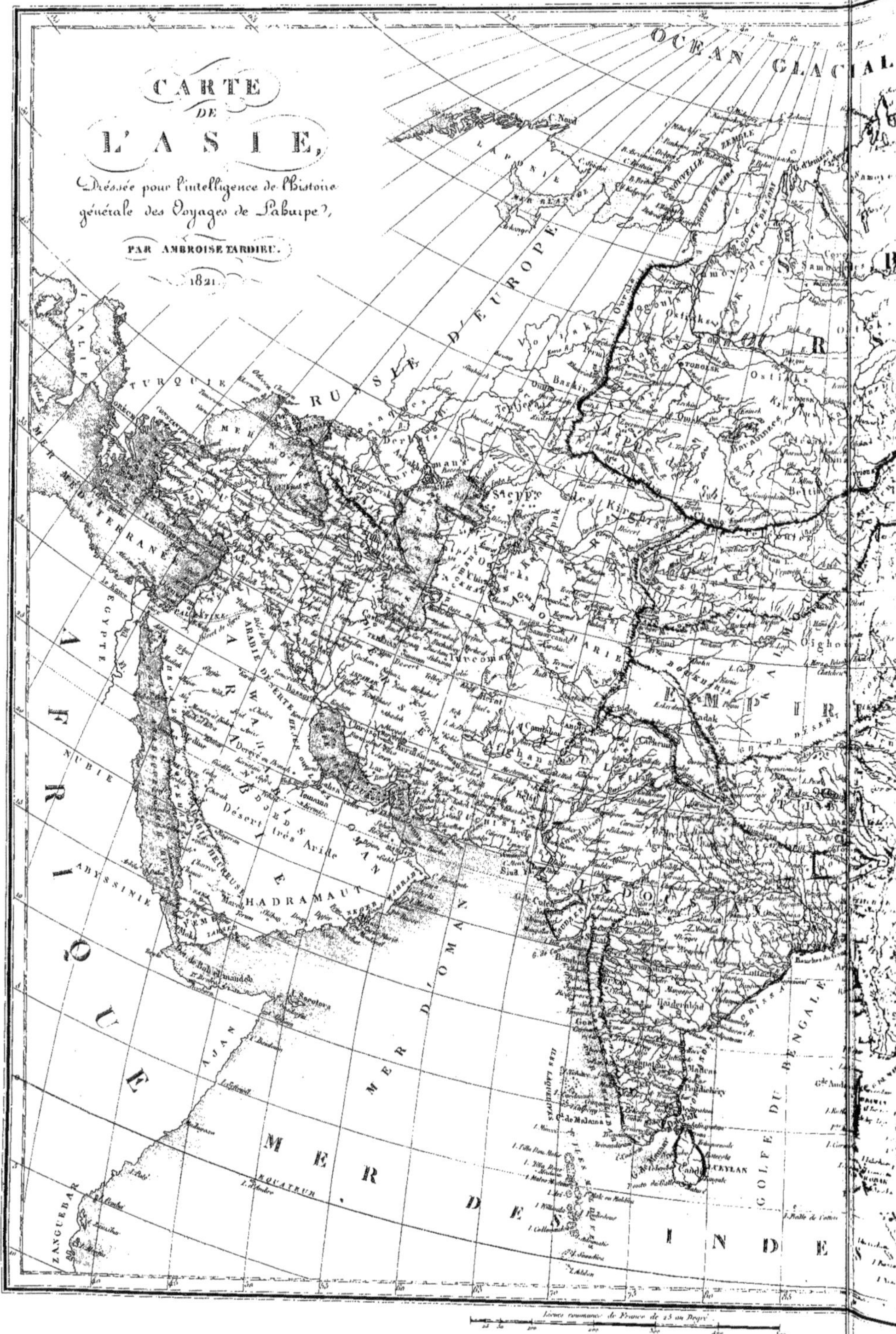
CARTE
DE
L'ASIE,
Dressée pour l'intelligence de l'Histoire
générale des Voyages de Laharpe,
PAR AMBROISE TARDIEU.
1821.
OCEAN GLACIAL
LAPONIE
RUSSIE D'EUROPE
ITALIE
TURQUIE
MER MÉDITERRANÉE
ÉGYPTE
NUBIE
ABYSSINIE
AFRIQUE
ARABIE
HADRAMAUT
AJAN
ZANGUEBAR
MER D'OMAN
MER DES INDES
GOLFE DU BENGALE
CEYLAN
ÉQUATEUR

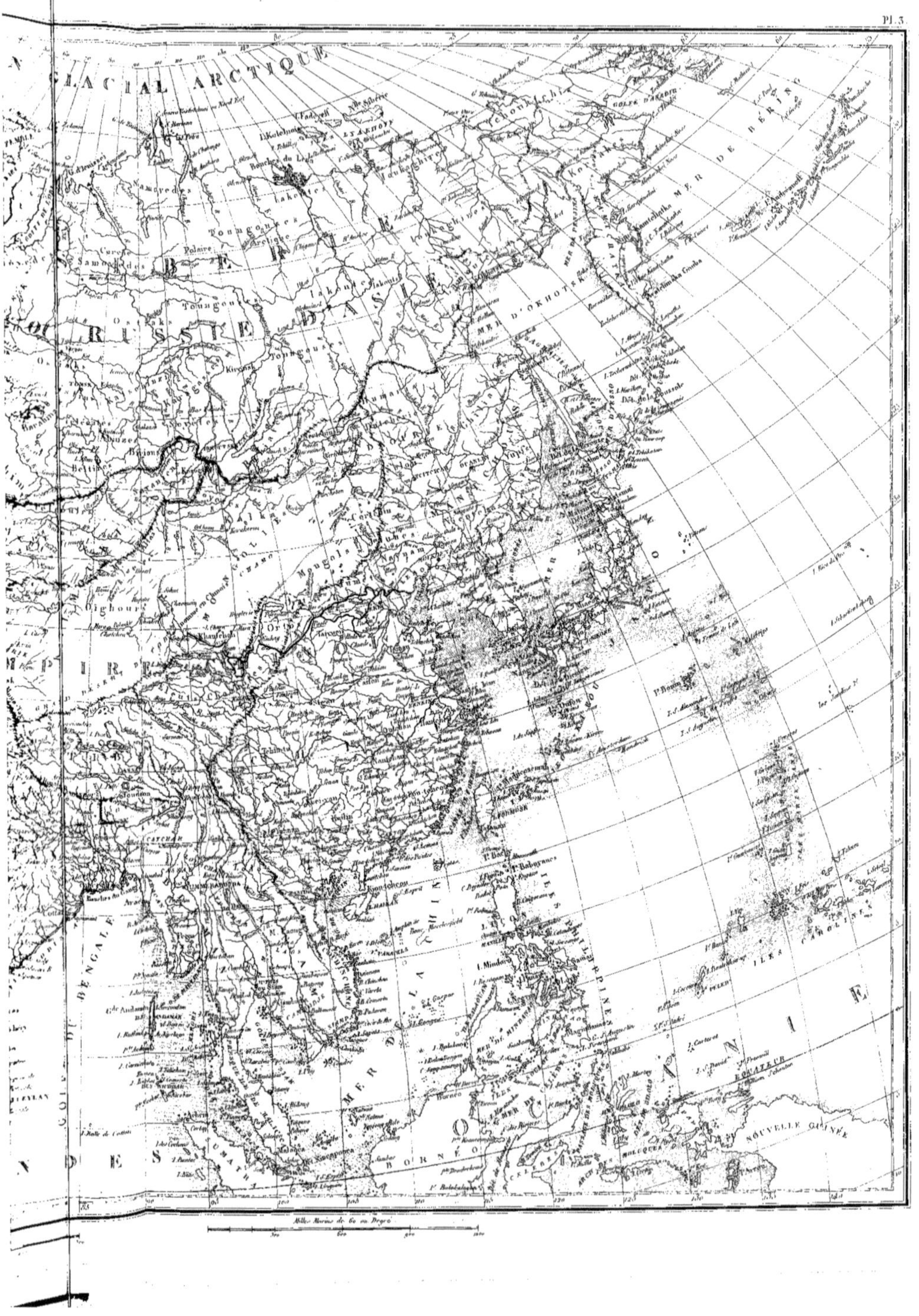

Pl. 3.
GLACIAL ARCTIQUE
MER D'OKHOTSK
MER DE BERING
ILES CAROLINES
NOUVELLE GUINÉE
Milles Marins de 60 au Degré
300
600
900
1200

PL. 4.

PERSE
CASCHGOUR
PETIT TIBET
DÉSERT DE COBI
ELEUTS ou KOKONOR
CABOUL
CACHEMIR
TIBET
NEPAUL
BHOUTAN
Mts. Himalaya
LASSA
CATMANDOU
DELHI
Grand Désert
Désert de Sandy
Petit Désert
INDOUSTAN
MALOUA
GOUZERATE
Golfe de Cutch
Golfe de Cambaie
Bouches du Gange
Bouches du Sind
EMPIRE BIRMAN
GOLFE D'ARABIE

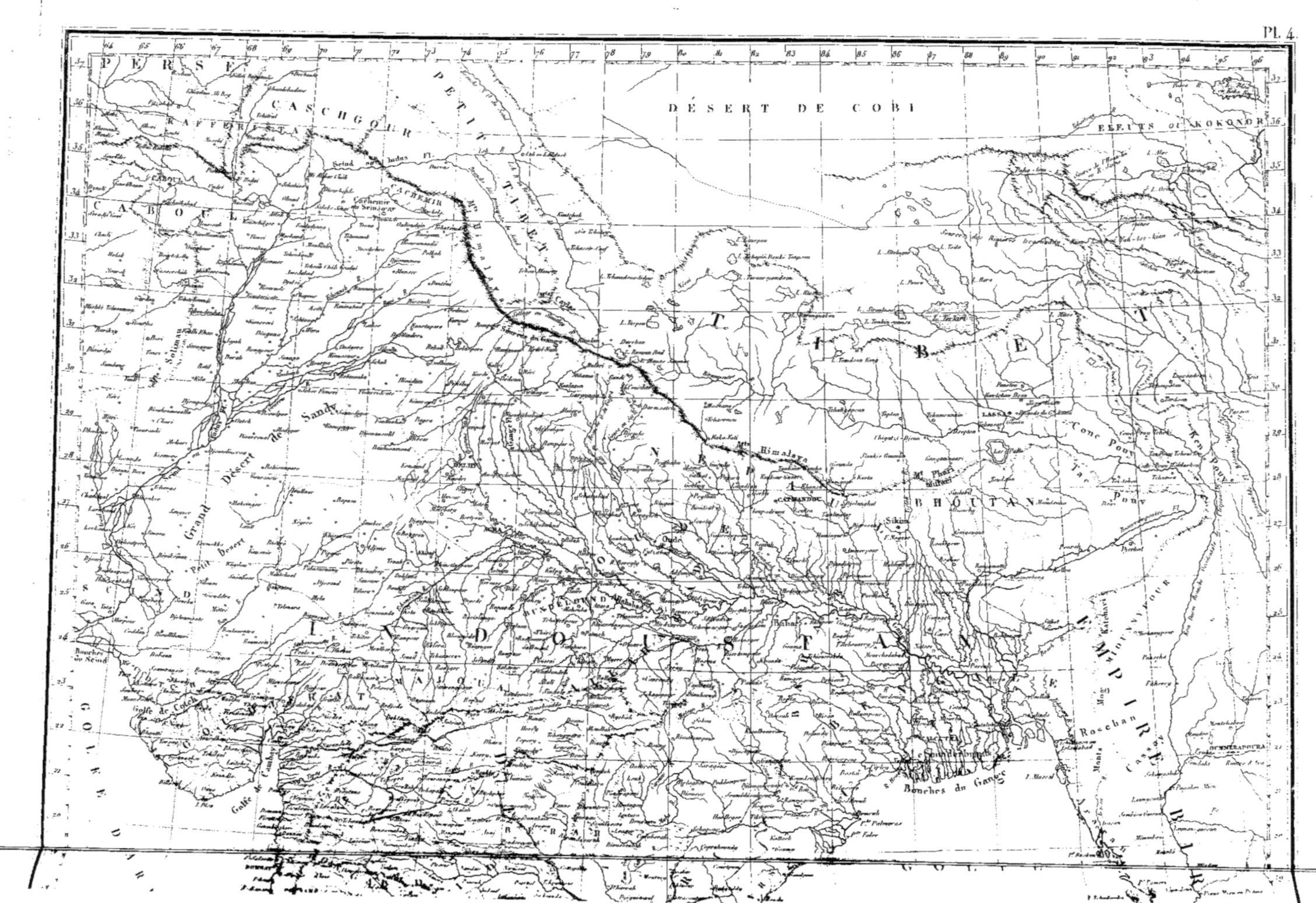

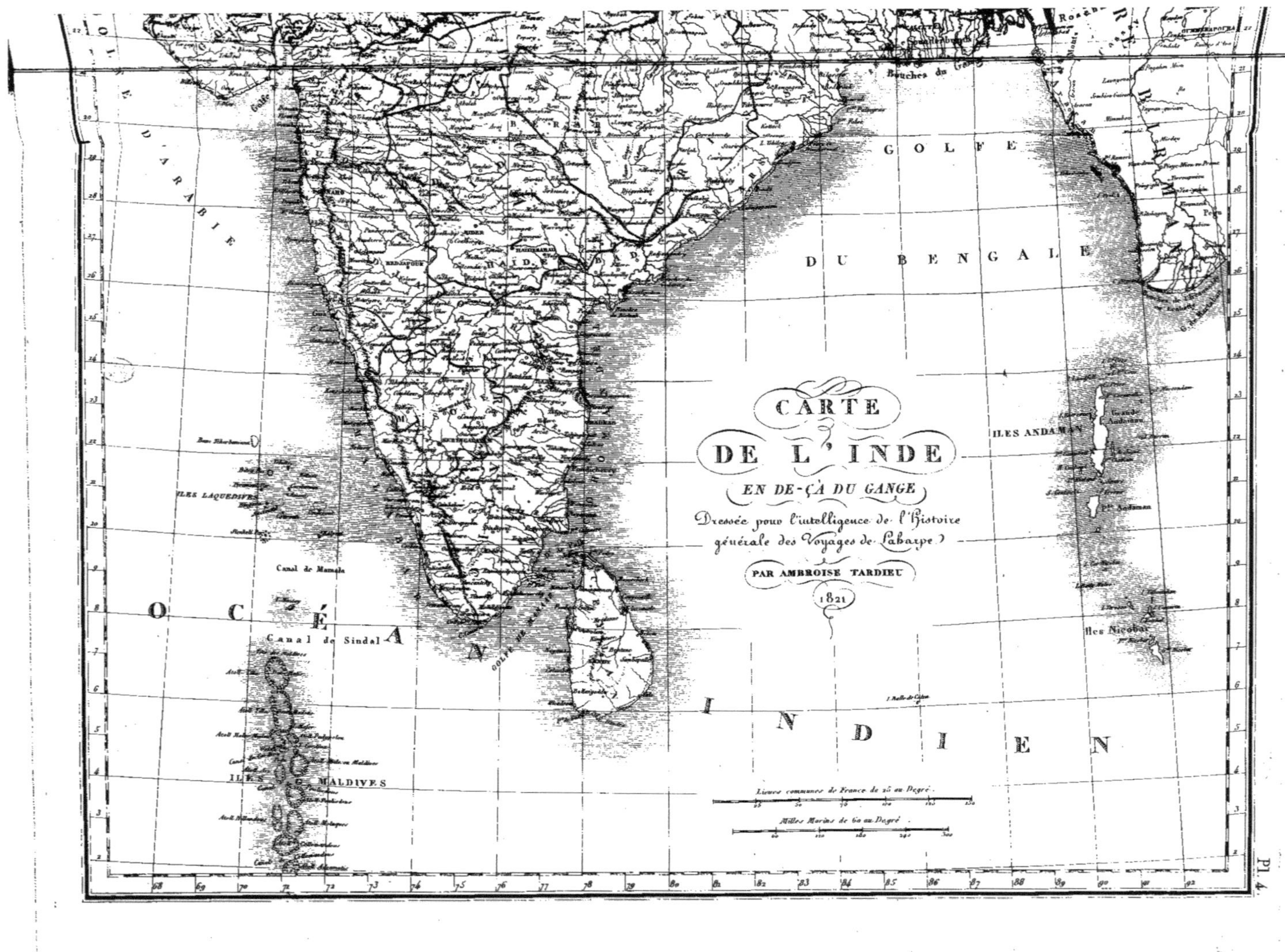

Pl. 4.
CARTE
DE L'INDE
EN DE-ÇÀ DU GANGE
Dressée pour l'intelligence de l'Histoire
générale des Voyages de Labarpe.
PAR AMBROISE TARDIEU
1821
GOLFE DU BENGALE
GOLFE D'ARABIE
OCÉAN INDIEN
ILES ANDAMAN
Iles Nicobar
ILES LAQUEDIVES
ILES MALDIVES
Canal de Mamala
Canal de Sindal
Bouches du Gange
Lieues communes de France de 25 au Degré.
Milles Marins de 60 au Degré.

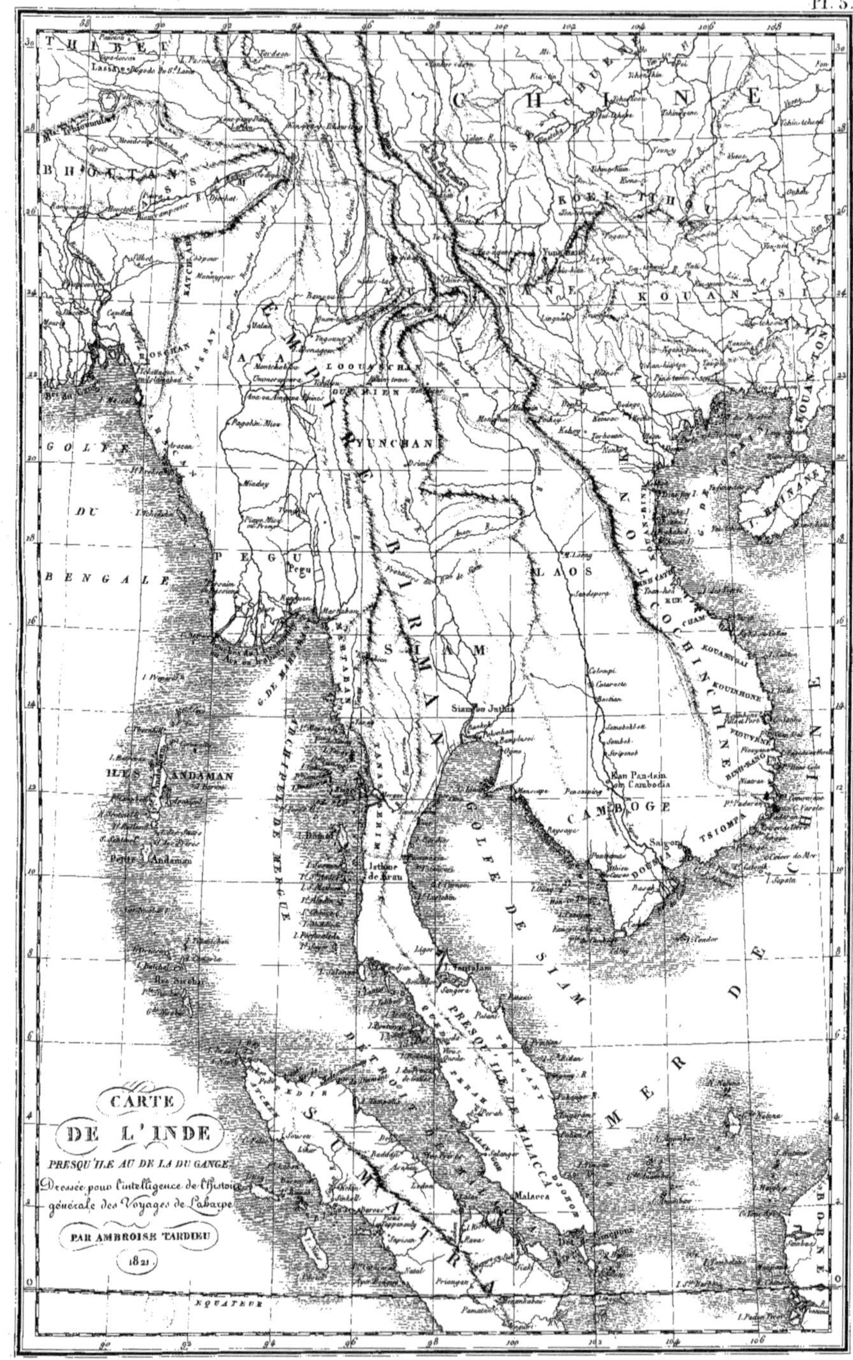
CARTE
DE L'INDE
PRESQU'ILE AU DE LA DU GANGE
Dressée pour l'intelligence de l'Histoire générale des Voyages de Labarpe
PAR AMBROISE TARDIEU
1821.
CHINE
EMPIRE BIRMAN
SIAM
LAOS
CAMBOGE
COCHINCHINE
GOLFE DU BENGALE
GOLFE DE SIAM
MER DE CHINE
PRESQU'ILE DE MALACCA
SUMATRA
ILES ANDAMAN
PEGU
AVA
THIBET
BHOUTAN
ASSAM
TONKIN
EQUATEUR
Lieues communes de France de 25 au Degré.
Milles Marins de 60 au Degré.

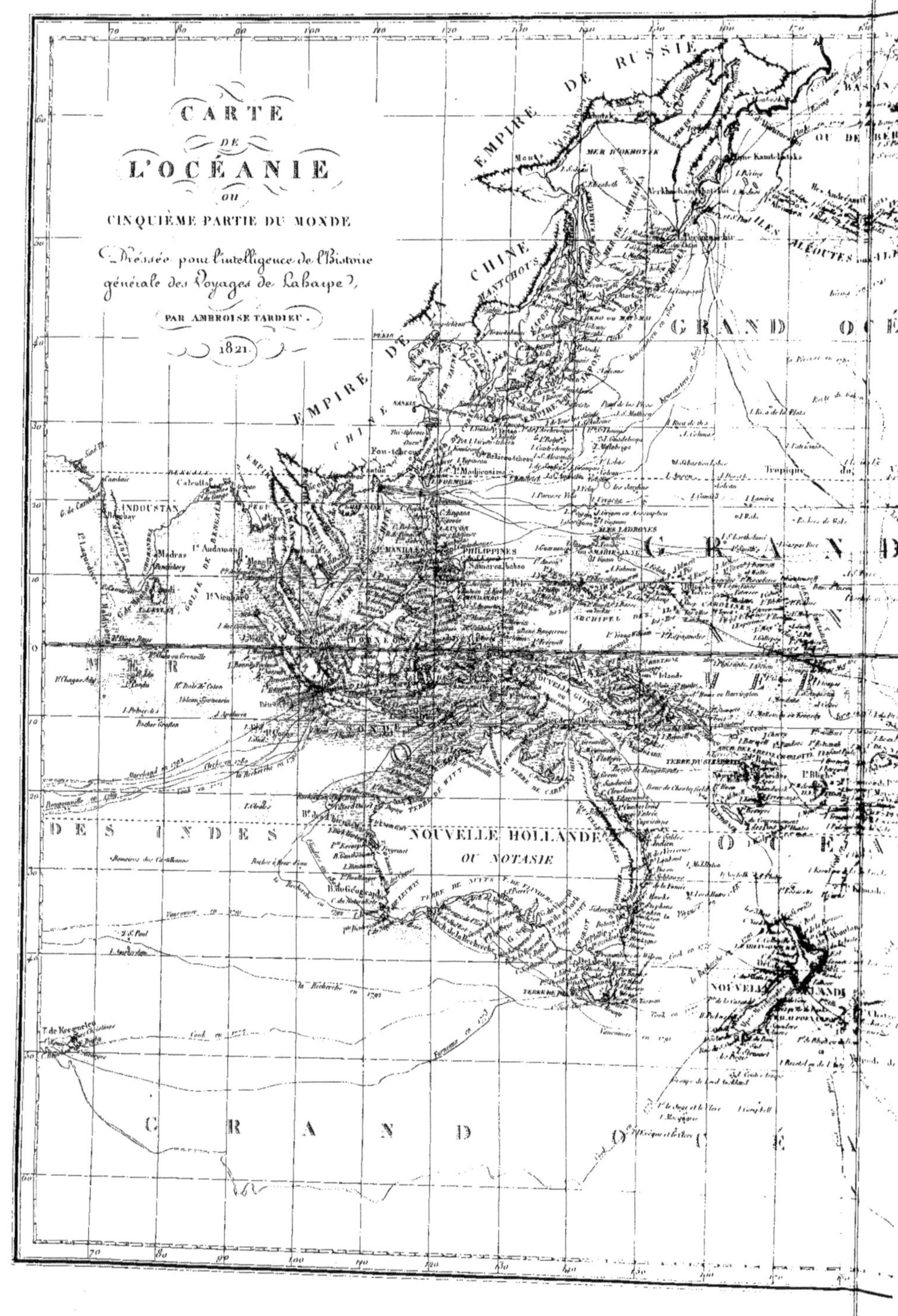
CARTE
DE
L'OCÉANIE
ou
CINQUIÈME PARTIE DU MONDE
Dressée pour l'intelligence de l'Histoire
générale des Voyages de Laharpe,
PAR AMBROISE TARDIEU.
1821.
EMPIRE DE RUSSIE
MER D'OKHOTSK
EMPIRE DE LA CHINE
MANTCHOUS
GRAND OCÉ
INDOUSTAN
Bombay
Madras
Calcutta
Canton
PHILIPPINES
NOUVELLE HOLLANDE
OU NOTASIE
TERRE DE WITT
DES INDES
GRAND
GRAND OCÉ
NOUVELL
LANDE

Pl. 6.

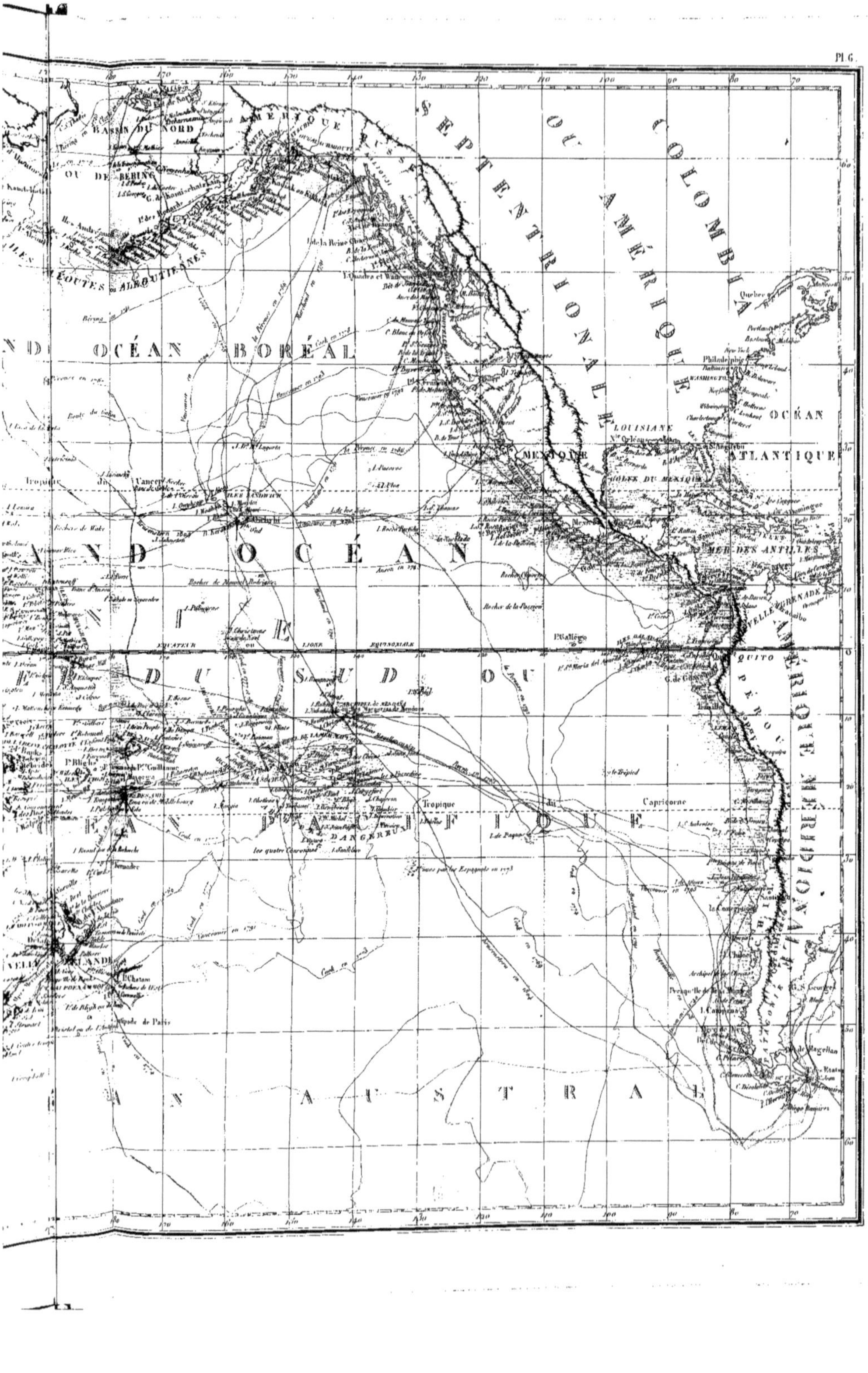

BASSIN DU NORD

OU DE BERING

ILES ALÉOUTES ou ALÉOUTIENNES

AMÉRIQUE RUSSE

AMÉRIQUE SEPTENTRIONALE

OU AMÉRIQUE

COLOMBIA

Quebec

Portland

Boston

New York

Philadelphie

WASHINGTON

OCÉAN ATLANTIQUE

LOUISIANE

N^{lle} Orléans

MEXIQUE

GOLFE DU MEXIQUE

Mexico

MER DES ANTILLES

NOUVELLE GRENADE

GRAND OCÉAN BORÉAL

Tropique du Cancer

ILES SANDWICH

GRAND OCÉAN

Roches de Nouvel Redriguez

I. Palmyras

Rocher de la Passion

P. Gallégo

EQUATEUR OU LIGNE EQUINOXIALE

QUITO

G. de Guayaquil

PÉROU

AMÉRIQUE MÉRIDIONALE

GRAND OCÉAN DU SUD OU PACIFIQUE

ARCHIPEL DANGEREUX

les quatre Couronnes

Tropique du Capricorne

I. de Paques

le Trépied

Vus par les Espagnols en 1773

N^{LLE} ZÉLANDE

I. Chatam

Spade de Paris

la Conception

Archipel de Chonos

I. Campana

Détroit de Magellan

C. de Horn

OCÉAN AUSTRAL

Cook en 1769

Cook en 1773

Cook en 1774

Cook en 1778

Vancouver en 1791

Vancouver en 1792

Vancouver en 1793

Vancouver en 1795

Marchand en 1791

la Pérouse en 1786

Krusenstern en 1804

Anson en 1741

Bering en 1741

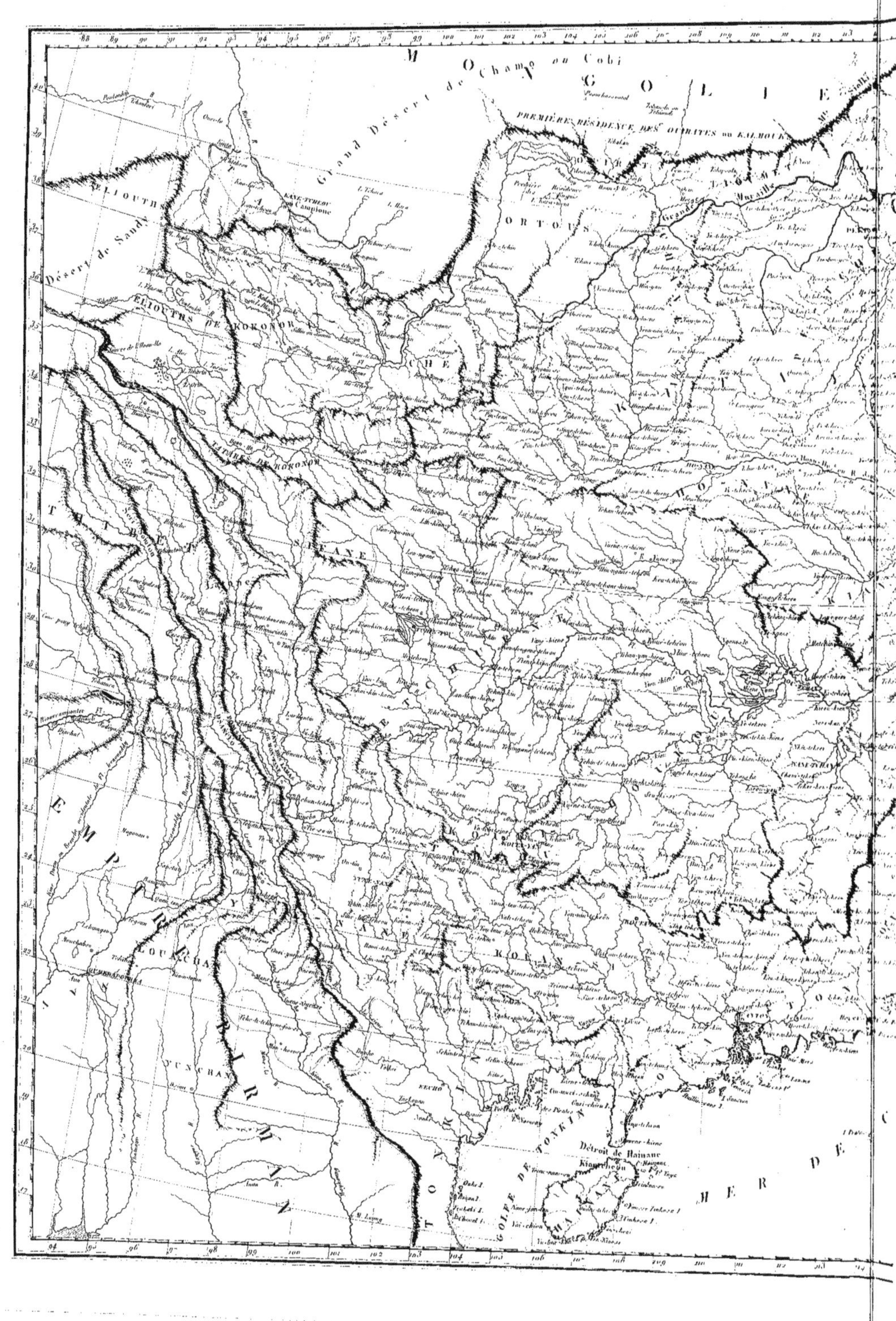

Grand Désert de Chamo ou Cobi
PREMIÈRE RÉSIDENCE DES OUIRATES ou KALMOUKS
ORTOUS
Grande Muraille
ELIOUTHS
Désert de Sandy
ELIOUTHS DE KOKONOR
TATARIE DE KOKONOR
Détroit de Hainane

CARTE
DE LA
CHINE ET DU JAPON
Dressée pour l'intelligence de l'Histoire
générale des Voyages de Laharpe.
PAR AMBROISE TARDIEU
1821
MER DU JAPON
MER JAUNE
GRAND OCÉAN
MER DU SUD
MER DE CHINE
ILES DU JAPON
ILES LIEOU-TCHEOU
ILES MADJICOSIMA
Promontoire de Chan-tong
Détroit de Van Diemen
Grande Lieou-tcheou
I. Sado
Iles Bachi
Iles Babouyanes
I. Luçon
I. Quelpaert
Pl.

Pl. 8.

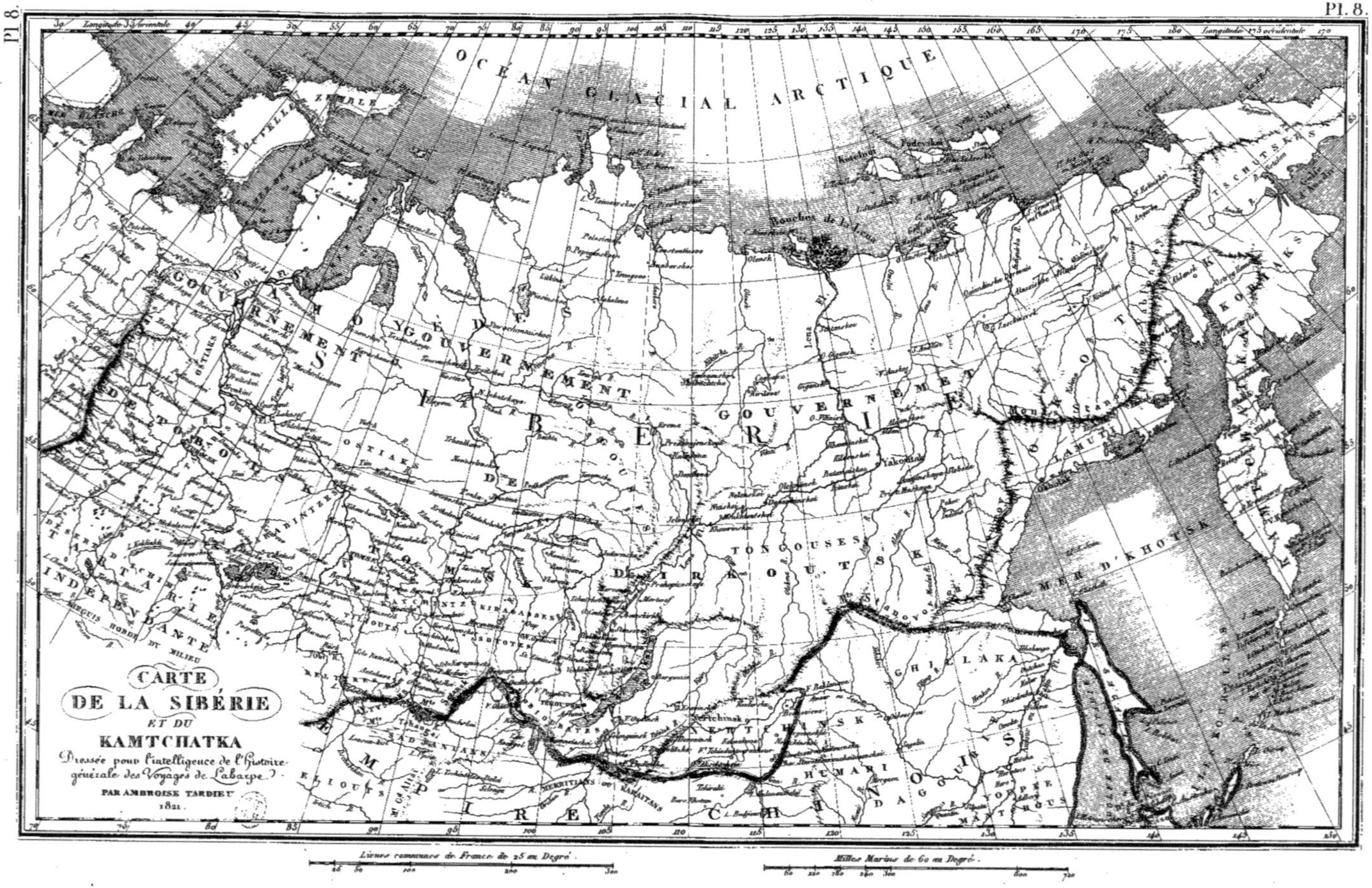

CARTE DE LA SIBÉRIE ET DU KAMTCHATKA

Dressée pour l'intelligence de l'Histoire générale des Voyages de Laharpe

PAR AMBROISE TARDIEU

1821.

OCÉAN GLACIAL ARCTIQUE

MER D'OKHOTSK

GOUVERNEMENT DE TOBOLSK

GOUVERNEMENT DE TOMSK

GOUVERNEMENT D'IRKOUTSK

SIBÉRIE

TARTARIE INDÉPENDANTE

EMPIRE CHINOIS

Lieues communes de France de 25 au Degré.

Milles Marins de 60 au Degré.

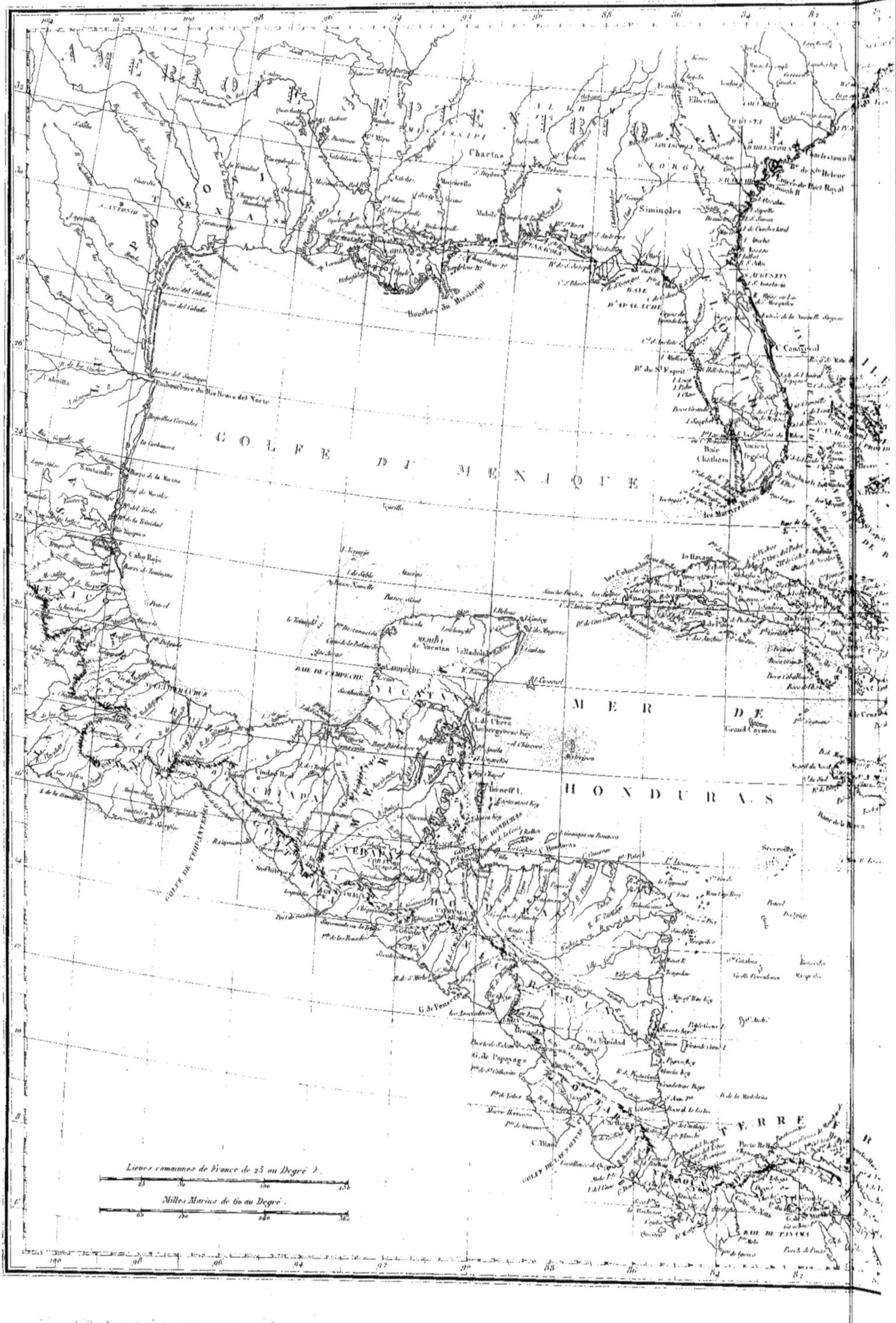

GOLFE DU MEXIQUE

MER DE HONDURAS

TEXAS

Chactas

Siminoles

Bouches du Mississipi

Embouchure du Rio Bravo del Norte

Santander

Cabo Rojo

Yucatan

Grand Cayman

Grenada

G. de Papayago

C. Blanc

Porto Bello

Lieues communes de France de 25 au Degré.

25 50 100 150

Milles Marins de 60 au Degré.

60 120 240 360

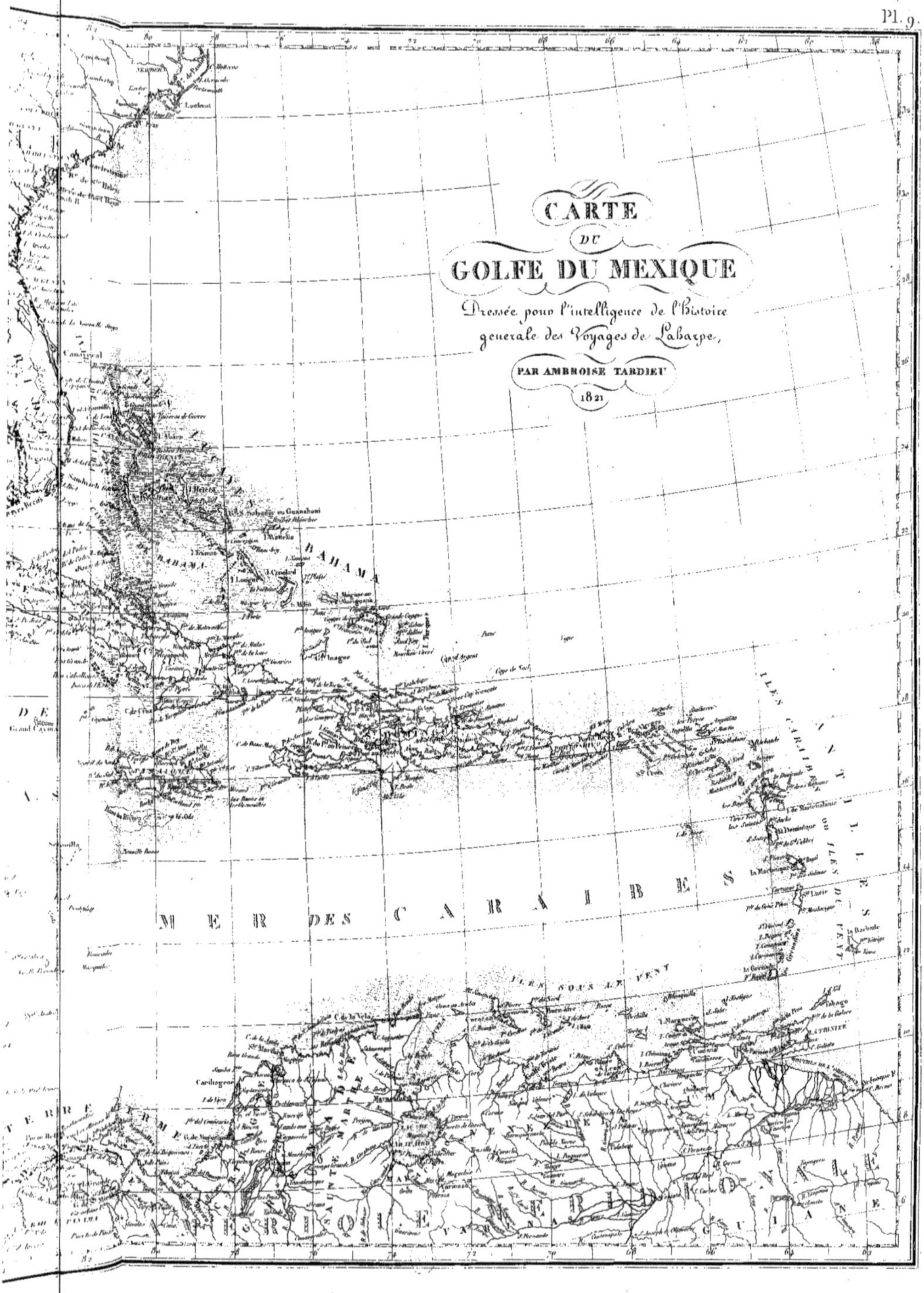

CARTE DU GOLFE DU MEXIQUE

Dressée pour l'intelligence de l'Histoire generale des Voyages de Labarpe,

PAR AMBROISE TARDIEU

1821

BAHAMA

MER DES CARAIBES

ILES SOUS LE VENT

ILES CARAIBES OU ILES DU VENT

TERRE FERME

AMERIQUE MERIDIONALE

GUIANE

CARTE DU MEXIQUE

Dressée pour l'intelligence de l'Histoire générale des Voyages de Laharpe

PAR AMBROISE TARDIEU

1821.

LOUISIANE

GOLFE DU MEXIQUE

Nabajoa

El Moqui

Yamaya

Yabipias

Nijoras

Cocomaricopas

Cajuenches

Apaches Tontos

Papagos

Seris

Terrenate

ARISPE

Cumanches

Apaches Faraones

Apaches Mescaleros

Cadodaquis

CHIHUAHUA

Villa del Fuerte

Culiacan

Mazatlan

Nombre de Dios

ZACATECAS

Fresnillo

Nuevo Santander

Monterey

Saltillo

Revilla

Loredo

Linares

S. Antonio

Aguatolco

Villa de la Purificacion

VALLADOLID

Guanaxuato

Salamanca

S. Felipe

Colima

Tezcuco

Toluca

Cuernavaca

Chilpantzingo

Acapulco

OAXACA

Tehuantepec

Chiapa

Lieues communes de France de 25 au Degré.

Milles Marins de 60 au Degré.

Pl. II.

CARTE
DE L'AMÉRIQUE
MÉRIDIONALE
Dressée pour l'intelligence de l'Histoire
générale des Voyages de Labarpe,
PAR AMBROISE TARDIEU
1821.
MER DES ANTILLES
OCÉAN ATLANTIQUE EQUINOXIAL
GRAND OCÉAN EQUINOXIAL
GUYANE FRANÇAISE
GUYANE PORTUGAISE
RIO NEGRO
MATTO GROSSO
CHIQUITOS
QUITO
CUMANA
Tropique du Capricorne

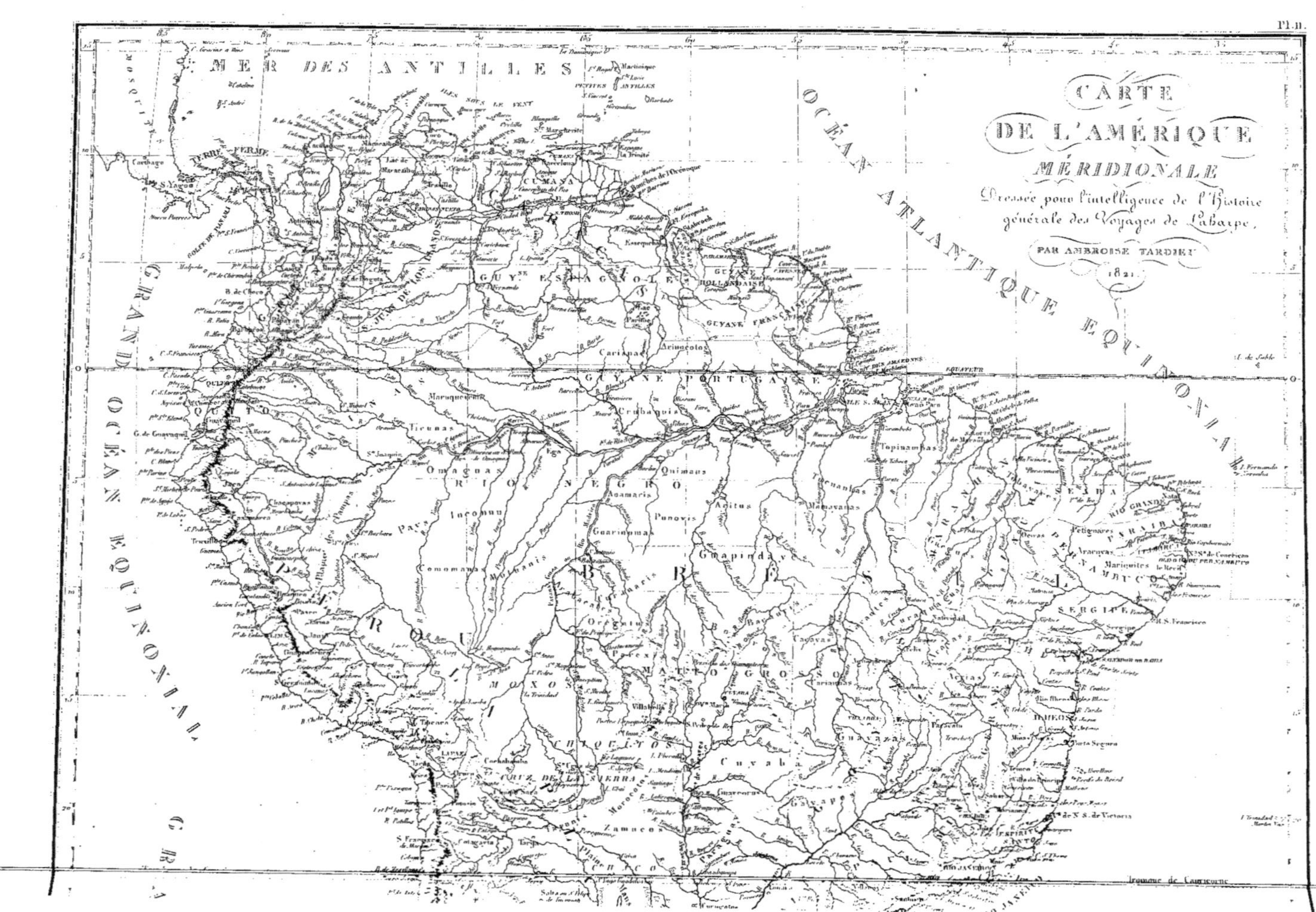

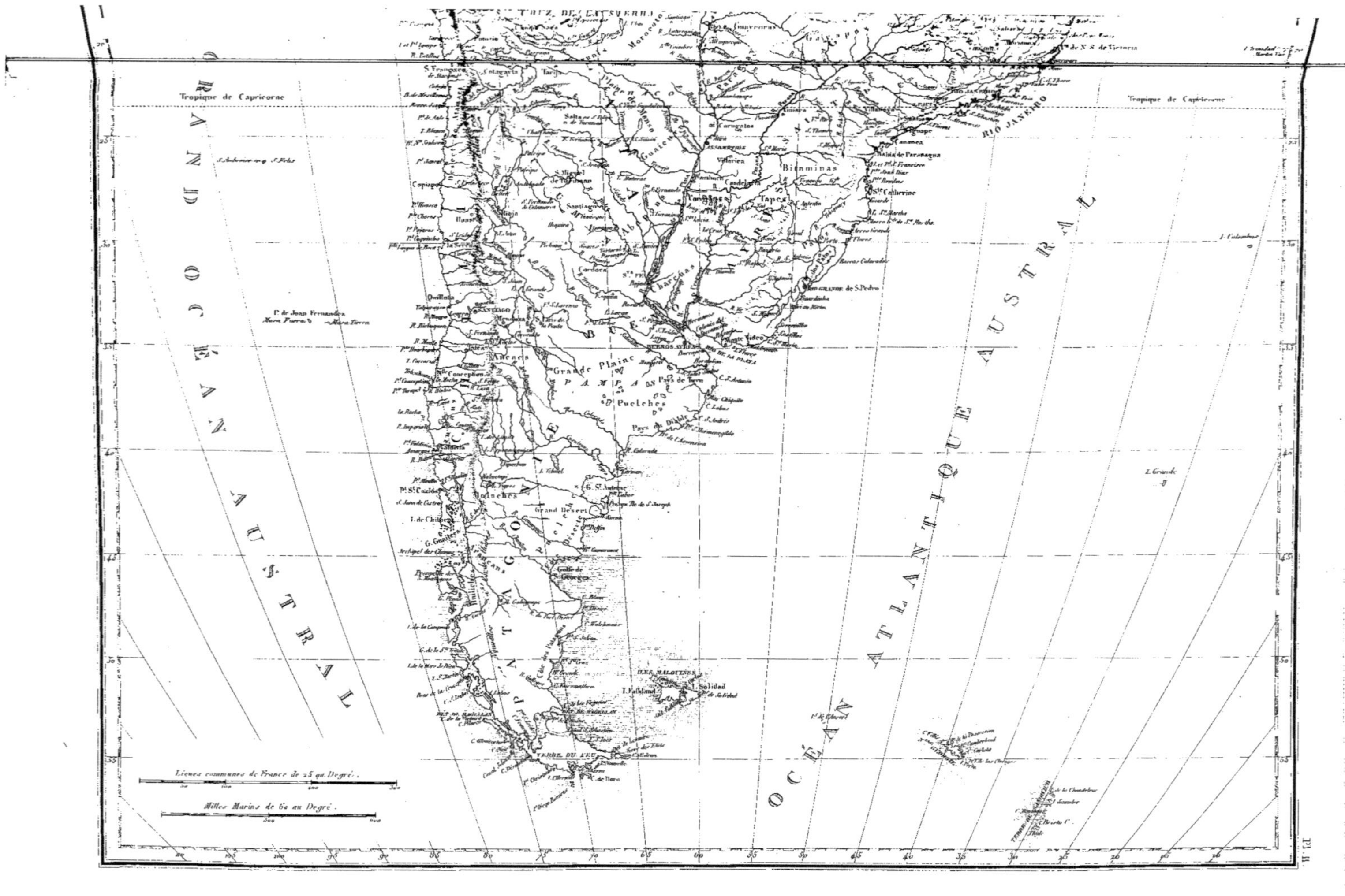

Pl. II.
Tropique de Capricorne
Tropique de Capricorne
GRAND OCÉAN AUSTRAL
OCÉAN ATLANTIQUE AUSTRAL
RIO JANEIRO
Grande Plaine
PAMPA
Puelches
Pays du Diable
Grand Desert
ILES MALOUINES
Solidad
I. Falkland
TERRE DU FEU
C. de Horn
BUENOS AYRES
Monte Video
RIO GRANDE de S. Pedro
Biruminas
Tapes
Charcas
Santiago
Cordova
SANTIAGO
Valdivia
Concepcion
Copiapo
Quillota
Valparaiso
I. de Chiloe
Archipel des Chonos
Golfe de S. Georges
G. St. Antoine
C. S. Antonio
Ste. Catherine
Baia de Paranagua
P. de Juan Fernandez
Mas a Fuera
Mas a Tierra
I. Grande
Lieues communes de France de 25 au Degré.
Milles Marins de 60 au Degré.

Pl. 12

CARTE
DU PÉROU
Dressée pour l'intelligence de l'Histoire
générale des Voyages de Laharpe.
PAR AMBROISE TARDIEU
1821
Lieues communes de France de 25 au Degré.
Milles Marins de 60 au Degré.
G. DE GUAYAQUIL
TERRITOIRE DES MISSIONS OU PAYS DES AMAZONES
Y. Cocamas
PROV. DE LOS MOXOS
CRUZ DE LA SIERRA
PR. DE LOS CHIQUITOS
MATTO GROSSO
CHACO

CARTE
DU BRÉSIL,
Dressée pour l'intelligence de l'Histoire
générale des Voyages de Labarpe.
PAR AMBROISE TARDIEU
1821
Lieues communes de France de 25 au Degré.
Milles Marins de 60 au Degré.
OCÉAN ATLANTIQUE MÉRIDIONAL
PROVINCE DE St. PAUL
PARAGUAY
GOUVERNEMENT DE BUENOS-AYRES
PROV. DE RIO GRANDE
PAYS DES PAMPAS
Tropique du Capricorne

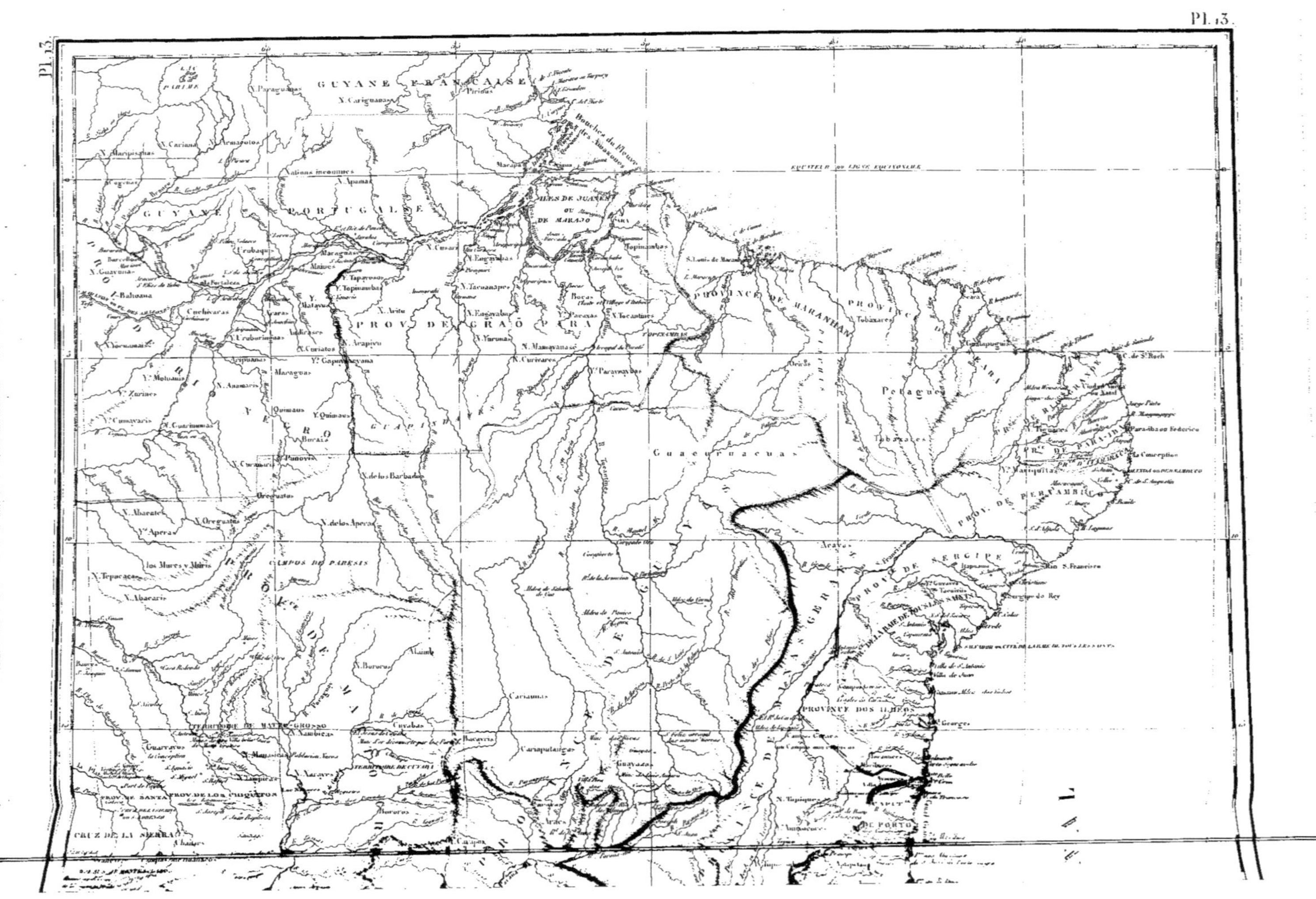
Pl. 13.
GUYANE FRANÇAISE
GUYANE PORTUGAISE
ÉQUATEUR ou LIGNE ÉQUINOXIALE
ILES DE JUANES ou DE MARAJO
PROV. DE GRAÕ PARA
PROVINCE DE MARANHAM
PROV. DE PERNAMBUCO
PROV. DE SERGIPE
PROVINCE DOS ILHEOS
CAMPOS DE PARESIS
TERRITOIRE DE MATTO-GROSSO
TERRITOIRE DE CUYABA
CRUZ DE LA SIERRA
C. de St. Roch
Rio S. Francisco

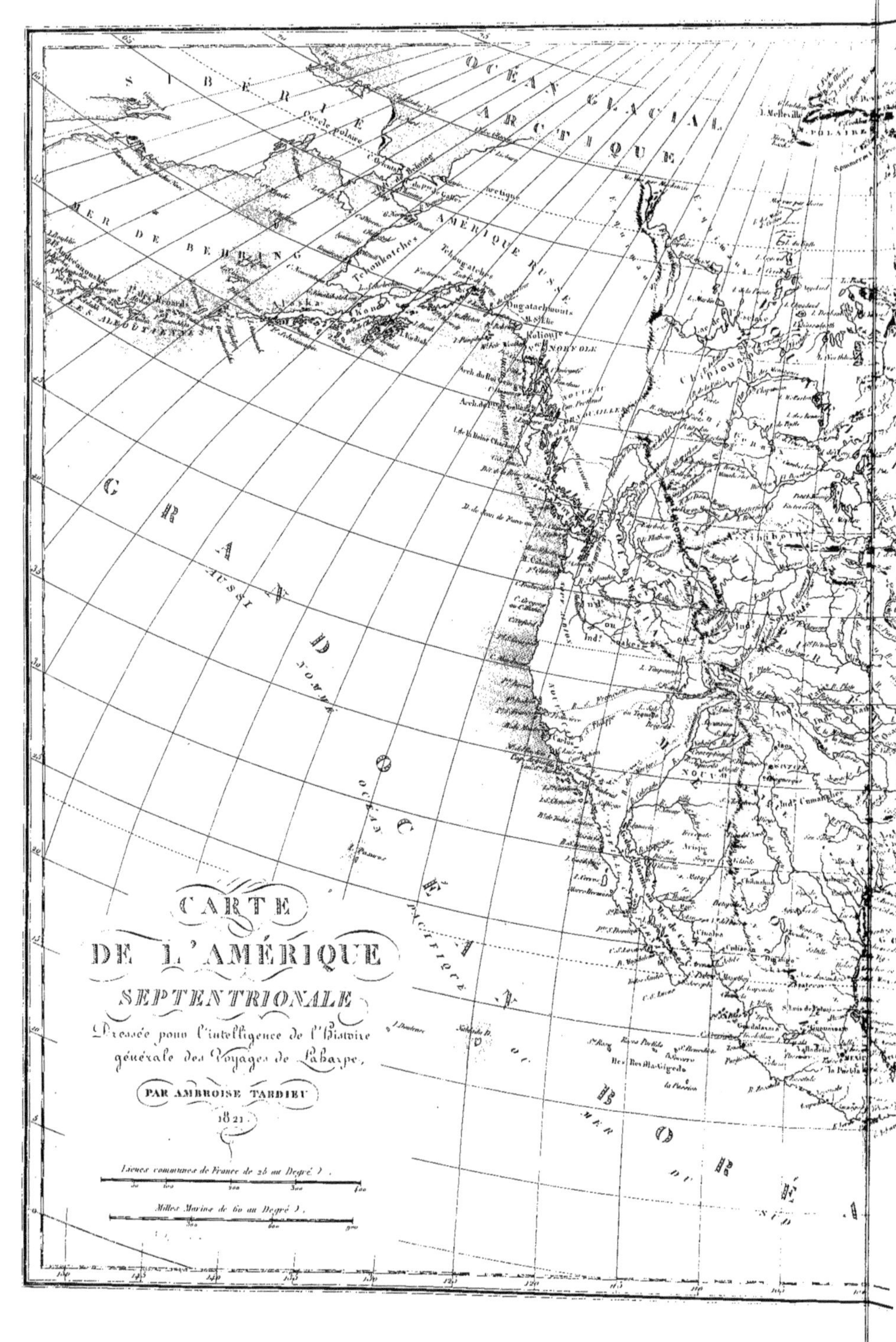
CARTE
DE L'AMÉRIQUE
SEPTENTRIONALE
Dressée pour l'intelligence de l'Histoire
générale des Voyages de Laharpe,
PAR AMBROISE TARDIEU
1821.
Lieues communes de France de 25 au Degré
Milles Marins de 60 au Degré
SIBÉRIE
OCÉAN GLACIAL ARCTIQUE
MER DE BEHRING
AMÉRIQUE RUSSE
GRAND OCÉAN
AUSSI NOMMÉ OCÉAN PACIFIQUE
MER DU SUD

Pl. 14.

GROEN-LAND
OCÉAN ATLANTIQUE BORÉAL
ISLANDE
Dét. de Cumberland
LABRADOR
I. Bermudes
Tropique du Cancer
GOLFE DU MEXIQUE
Bouches du Mississipi
St. Augustin
Vieux Can. de Bahama
La Havane
GRANDES ANTILLES
MER DES ANTILLES
La Guadeloupe
La Martinique
La Barbade
La Trinité
AMÉRIQUE MÉRID.LE
Riv. des Amazones

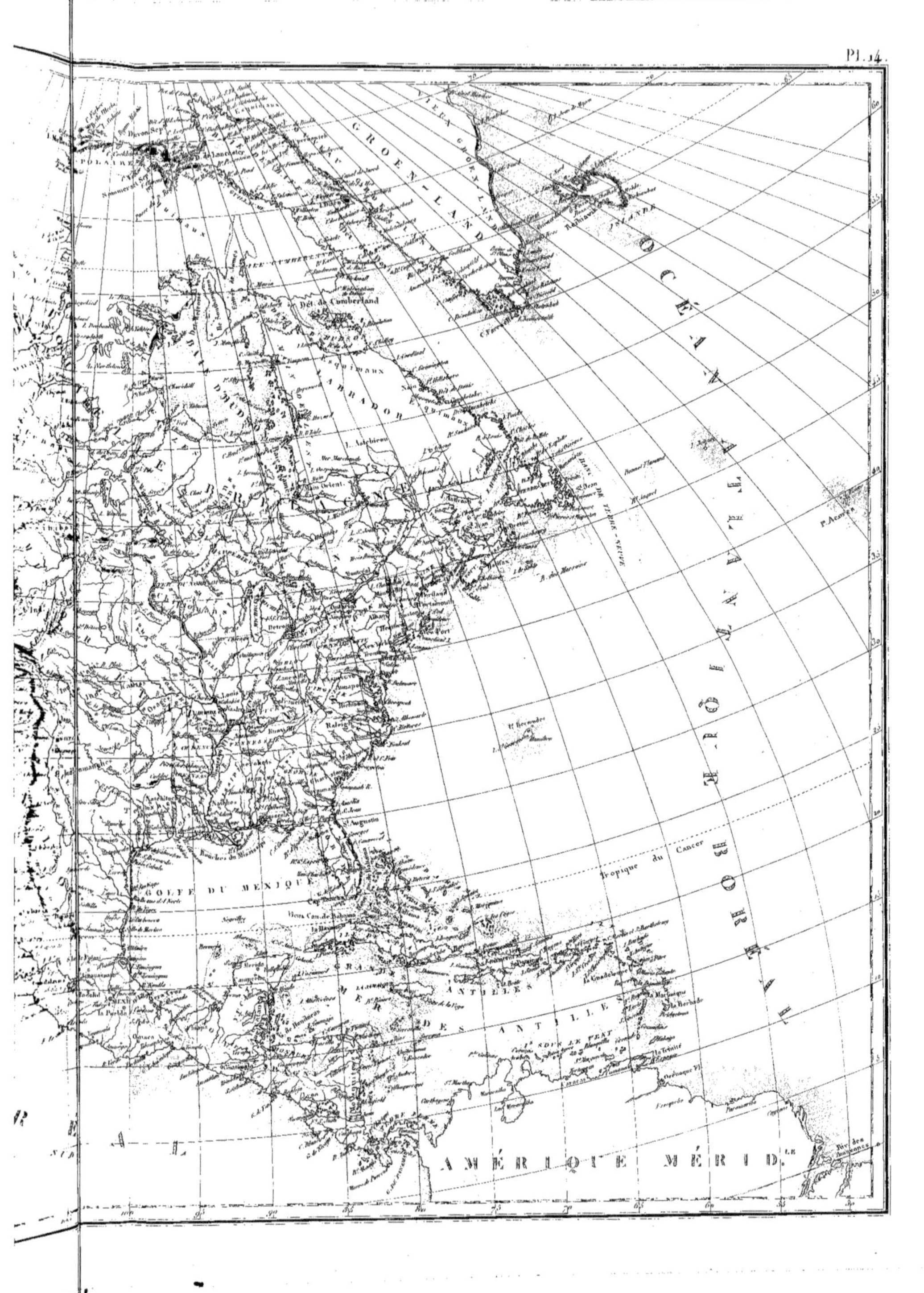

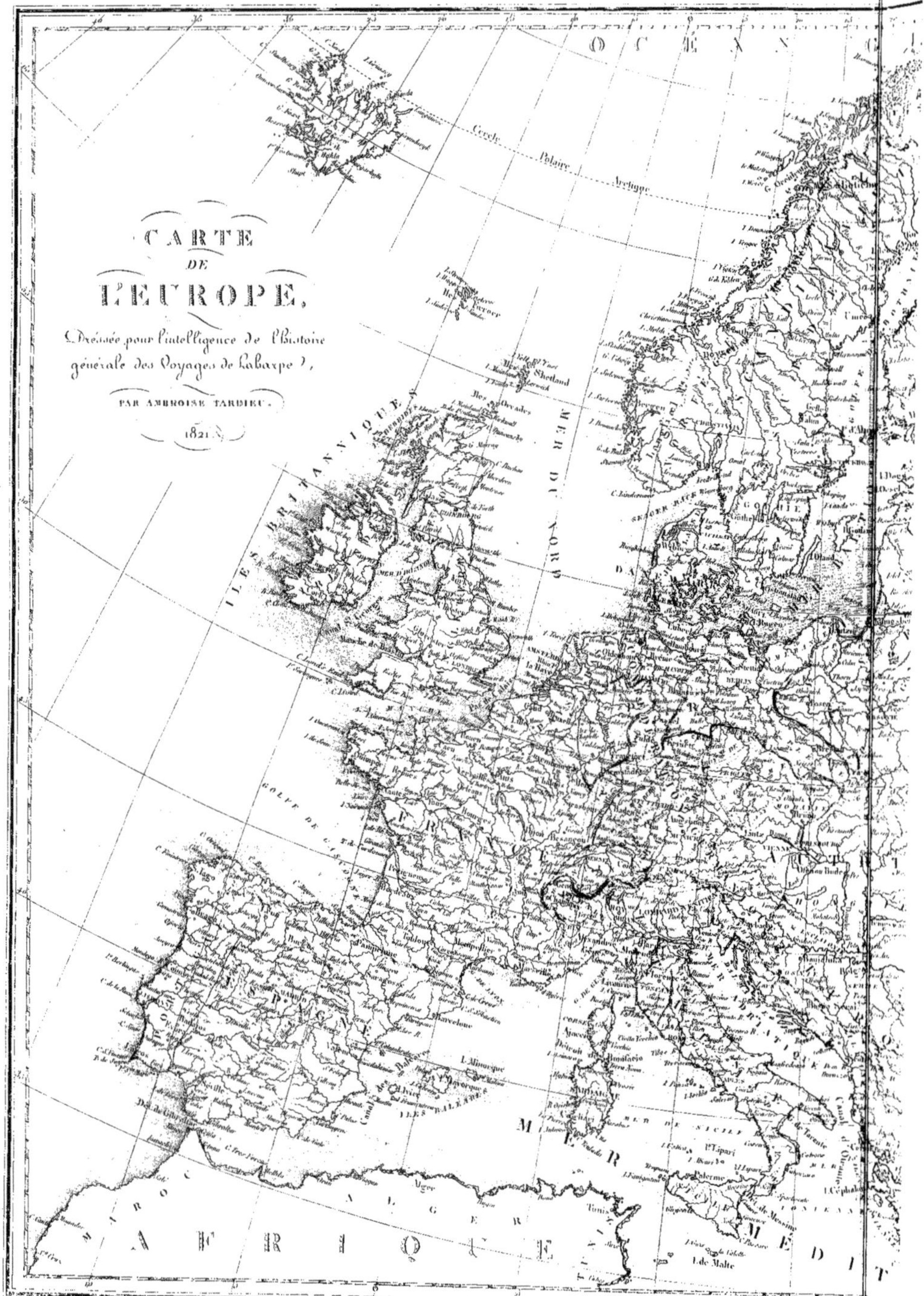

CARTE
DE
L'EUROPE,

Dressée pour l'intelligence de l'Histoire générale des Voyages de Laharpe,

PAR AMBROISE TARDIEU.

1821.

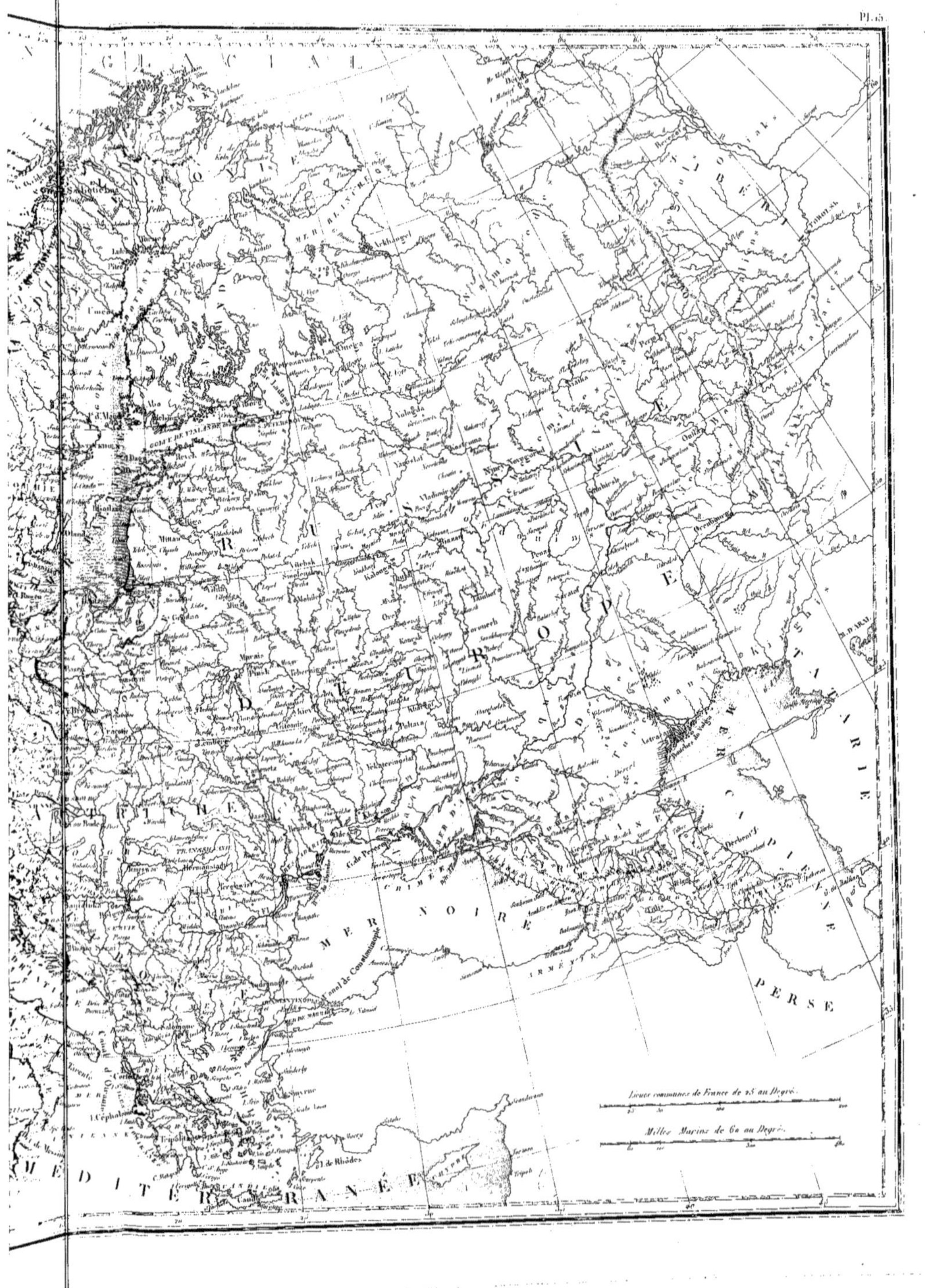
GLACIAL
Arkhangel
Lac Onega
Petersbourg
GOLFE DE FINLANDE
Vologda
Kostroma
Vladimir
Nijni Novgorod
Kazan
Penza
Saratof
Orenbourg
Astrakan
Tobolsk
Mittau
Riga
Smolensk
Mohilof
Vitebsk
Kalouga
Orel
Voronech
Kiev
Poltava
Iekaterinoslaf
Kherson
Oczakov
MER NOIRE
CRIMÉE
Canal de Constantinople
ARMÉNIE
PERSE
Derbent
Hermanstadt
Salonique
Smyrne
I. de Rhodes
Scanderoun
Tripoli
MÉDITERRANÉE
Lieues communes de France de 25 au Degré.
Milles Marins de 60 au Degré.

www.ingramcontent.com/pod-product-compliance
Ingram Content Group UK Ltd.
Pitfield, Milton Keynes, MK11 3LW, UK
UKHW021021200726
13857UKWH00004B/1521

9 782013 078894